AF138934

Kalender 2016
Dresden

Bibliografische Information der Deutschen Nationalbibliothek:
Die Deutsche Nationalbibliothek verzeichnet diese Publikation in der Deutschen
Nationalbibliografie; detaillierte bibliografische Daten sind im Internet über
http://dnb.dnb.de abrufbar.

1. Auflage, Oktober 2015
© 2015 Calmondo
Herausgeber: Calmondo by Dirk Schwenecke
Autor: Dirk Schwenecke
Illustrationen, Fotos&grafisches Konzept: Dirk Schwenecke
Herstellung und Verlag: BoD – Books on Demand, Norderstedt
ISBN: 9783739200811

"Dresden hat mir große Freude gemacht und meine Lust, an Kunst zu denken, wieder belebt. Es ist ein unglaublicher Schatz aller Art an diesem schönen Orte."

JOHANN WOLFGANG VON GOETHE

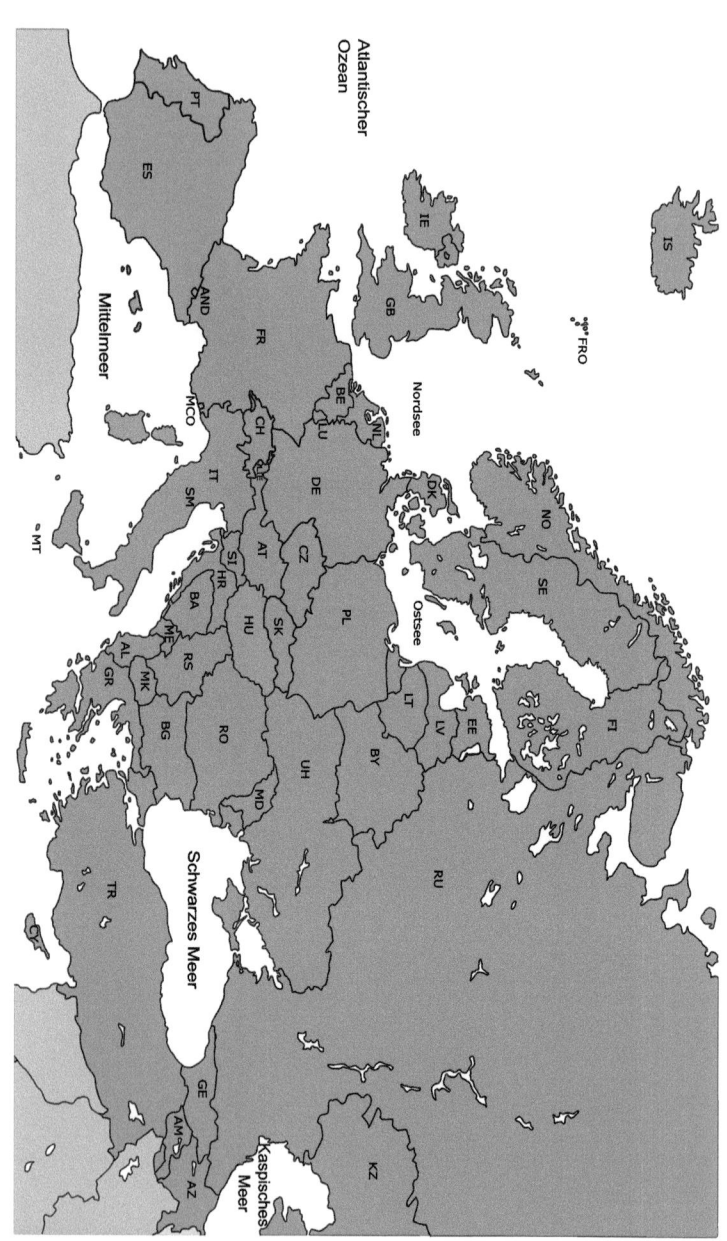

Länderinformationen

Code	Land	Hauptstadt	Vorwahl	Währung
AL	Albanien	Tirana	00355	Albanische Lek
AM	Armenien	Jewewan	00374	Dram
AD	Andorra	Andorra la Vella	00376	Euro
AT	Österreich	Wien	0043	Euro
AZ	Aserbaidschan	Baku	00994	Aserbaidsch. Manat
BA	Bosnien-Herzegowina	Sarajevo	00387	Kovertible Mark
BE	Belgien	Brüssel	0032	Euro
BG	Bulgarien	Sofia	00359	Leva
BY	Weißrussland	Minsk	00375	Belarus Rubel
CH	Schweiz	Bern	0041	Schweizer Franken
CY	Zypern	Nikosia	00357	Euro
CZ	Tschechien	Prag	00420	Tschechische Kronen
DE	Deutschland	Berlin	0049	Euro
EE	Estland	Tallinn	00372	Euro
ES	Spanien	Madrid	0034	Euro
FI	Finnland	Helsinki	00358	Euro
FR	Frankreich	Paris	0033	Euro
FRO	Faröer Inseln	Torshavn	00298	Faröische Krone
GB	Großbritannien	London	0044	Pfund
GE	Georgien	Tiflis	00955	Lari
GR	Griechenland	Athen	0030	Euro
HR	Kroatien	Zagreb	00385	Kuno
HU	Ungarn	Budapest	0036	Forint
DK	Dänemark	Kopenhagen	0045	Dänische Kronen
IE	Irland	Dublin	00353	Euro
IT	Italien	Rom	0039	Euro
KZ	Kasachstan	Asana	007	Tenge
LIE	Lichtenstein	Vaduz	00423	Schweizer Franken
LT	Litauen	Vilnius	00370	Litas
LU	Luxemburg	Luxemburg	00352	Euro
LV	Lettland	Riga	00371	Euro
MCO	Monaco	Monaco	003393	Euro
MD	Moldawien	Chisinau	00373	Moldauischer Leu
ME	Montenegro	Podgorica	00382	Euro
MK	Mazedonien	Skopje	00389	Denar
MT	Malta	Valletta	00356	Euro
NL	Niederlande	Amsterdam	0031	Euro
NO	Norwegen	Oslo	0047	Norwegische Krone
PL	Polen	Warschau	0048	Zloty
PT	Portugal	Lissabon	00351	Euro
RS	Serbien	Belgrad	00381	Serbischer Dinar
RO	Rumänien	Bukarest	0040	Lei
RU	Russland	Moskau	007	Rubel
SE	Schweden	Stockholm	0046	Schwedische Kronen
SI	Slowenien	Ljubljana	00386	Euro
SK	Slowakei	Bratislava	00421	Euro
SM	San Marino	San Marino	00390549	Euro
TR	Türkei	Ankara	0090	Türkische Lira

Feiertage 2016

Neujahr	01.01.	alle Bundesländer
Heilige Drei Könige	06.01.	Baden-Württemberg, Bayern, Sachsen-Anhalt
Karfreitag	25.03.	alle Bundesländer
Ostersonntag	27.03.	Brandenburg
Ostermontag	28.03.	alle Bundesländer
Tag der Arbeit	01.05.	alle Bundesländer
Christi Himmelfahrt	05.05.	alle Bundesländer
Pfingstsonntag	15.05.	Brandenburg
Pfingstmontag	16.05.	alle Bundesländer
Fronleichnam	26.05.	Baden-Württemberg, Bayern, Hessen, Nordrhein-Westfalen, Rheinland-Pfalz, Saarland
Mariä Himmelfahrt	15.08.	Bayern, Saarland
Tag der Deutschen Einheit	03.10.	alle Bundesländer
Reformationstag	31.10.	Brandenburg, Mecklenburg-Vorpommern, Sachsen, Sachsen-Anhalt, Thüringen
Allerheiligen	01.11.	Baden-Württemberg, Bayern, Nordrhein-Westfalen, Rheinland-Pfalz, Saarland
Buß- und Bettag	16.11.	Sachsen
1. Weihnachtsfeiertag	25.12.	alle Bundesländer
2. Weihnachtsfeiertag	26.12.	alle Bundesländer

Schulferien 2016

	Winter	Ostern	Pfingsten	Sommer	Herbst	Weihnachten
Baden-Württemberg		29.03.-02.04.	17.05.-28.05.	28.07.-10.09.	02.11.-04.11.	23.12.-07.01.
Bayern	08.02.-12.02.	21.03.-01.04.	17.05.-28.05.	30.07.-12.09.	31.10.-04.11.	24.12.-05.01.
Berlin	01.02.-06.02.	21.03.-02.04.	06.05./17.05./18.05.	21.07.-02.09.	17.10.-28.10.	23.12.-03.01.
Brandenburg	01.02.-06.02.	23.03.-02.04.	06.05./17.05.	21.07.-03.09.	17.10.-28.10.	23.12.-03.01.
Bremen	28.01.-29.01.	18.03.-02.04.	06.05./17.05.	23.06.-03.08.	04.10.-15.10.	21.12.-06.01.
Hamburg	29.01.	07.03.-18.03.	06.05./17.05.-20.05.	21.07.-31.08.	17.10.-28.10.	27.12.-06.01.
Hessen		29.03.-09.04.		18.07.-26.08.	17.10.-29.10.	22.12.-07.01.
Mecklenburg-Vorpommern	01.02.-13.02.	21.03.-30.03.	14.05.-17.05.	25.07.-03.09.	24.10.-28.10.	22.12.-02.01.
Niedersachsen	28.01.-29.01.	18.03.-02.04.	06.05./17.05.	23.06.-03.08.	04.10.-15.10.	21.12.-06.01.
Nordrhein-Westfalen		21.03.-02.04.	17.05.	11.07.-23.08.	10.10.-21.10.	23.12.-06.01.
Rheinland-Pfalz		18.03.-01.04.		18.07.-26.08.	10.10.-21.10.	22.12.-06.01.
Saarland	08.02.-13.02.	29.03.-09.04.		18.07.-27.08.	10.10.-22.10.	19.12.-31.12.
Sachsen	08.02.-20.02.	25.03.-02.04.	16.05.	27.06.-05.08.	03.10.-15.10.	23.12.-02.01.
Sachsen-Anhalt	01.02.-10.02.	24.03.	06.05.-14.05.	27.06.-10.08.	04.10.-15.10.	19.12.-02.01.
Schleswig-Holstein		24.03.-09.04.	06.05.	25.07.-03.09.	17.10.-29.10.	23.12.-06.01.
Thüringen	01.02.-06.02.	24.03.-02.04.	06.05.	27.06.-10.08.	10.10.-22.10.	23.12.-31.12.

Jahresübersicht 2016

Januar 2016

	Mo	Di	Mi	Do	Fr	Sa	**So**
KW53	28	29	30	31	**01**	02	**03**
KW01	04	05	**06**	07	08	09	**10**
KW02	11	12	13	14	15	16	**17**
KW03	18	19	20	21	22	23	**24**
KW04	25	26	27	28	29	30	**31**

Februar 2016

	Mo	Di	Mi	Do	Fr	Sa	**So**
KW05	01	02	03	04	05	06	**07**
KW06	08	09	10	11	12	13	**14**
KW07	15	16	17	18	19	20	**21**
KW08	22	23	24	25	26	27	**28**
KW09	29	01	02	03	04	05	**06**

März 2016

	Mo	Di	Mi	Do	Fr	Sa	**So**
KW09	29	01	02	03	04	05	**06**
KW10	07	08	09	10	11	12	**13**
KW11	14	15	16	17	18	19	**20**
KW12	21	22	23	24	**25**	26	**27**
KW13	**28**	29	30	31	01	02	**03**

April 2016

	Mo	Di	Mi	Do	Fr	Sa	**So**
KW13	28	29	30	31	01	02	**03**
KW14	04	05	06	07	08	09	**10**
KW15	11	12	13	14	15	16	**17**
KW16	18	19	20	21	22	23	**24**
KW17	25	26	27	28	29	30	**01**

Mai 2016

	Mo	Di	Mi	Do	Fr	Sa	**So**
KW17	25	26	27	28	29	30	**01**
KW18	02	03	04	**05**	06	07	**08**
KW19	09	10	11	12	13	14	**15**
KW20	**16**	17	18	19	20	21	**22**
KW21	23	24	25	**26**	27	28	**29**
KW22	30	31	01	02	03	04	**05**

Juni 2016

	Mo	Di	Mi	Do	Fr	Sa	**So**
KW22	30	31	01	02	03	04	**05**
KW23	06	07	08	09	10	11	**12**
KW24	13	14	15	16	17	18	**19**
KW25	20	21	22	23	24	25	**26**
KW26	27	28	29	30	01	02	**03**

Juli 2016

	Mo	Di	Mi	Do	Fr	Sa	**So**
KW26	27	28	29	30	01	02	**03**
KW27	04	05	06	07	08	09	**10**
KW28	11	12	13	14	15	16	**17**
KW29	18	19	20	21	22	23	**24**
KW30	25	26	27	28	29	30	**31**

August 2016

	Mo	Di	Mi	Do	Fr	Sa	**So**
KW31	01	02	03	04	05	06	**07**
KW32	08	09	10	11	12	13	**14**
KW33	**15**	16	17	18	19	20	**21**
KW34	22	23	24	25	26	27	**28**
KW35	29	30	31	01	02	03	**04**

September 2016

	Mo	Di	Mi	Do	Fr	Sa	**So**
KW35	29	30	31	01	02	03	**04**
KW36	05	06	07	08	09	10	**11**
KW37	12	13	14	15	16	17	**18**
KW38	19	20	21	22	23	24	**25**
KW39	26	27	28	29	30	01	**02**

Oktober 2016

	Mo	Di	Mi	Do	Fr	Sa	**So**
KW39	26	27	28	29	30	01	**02**
KW40	**03**	04	05	06	07	08	**09**
KW41	10	11	12	13	14	15	**16**
KW42	17	18	19	20	21	22	**23**
KW43	24	25	26	27	28	29	**30**
KW44	**31**	01	02	03	04	05	06

November 2016

	Mo	Di	Mi	Do	Fr	Sa	**So**
KW44	31	**01**	02	03	04	05	**06**
KW45	07	08	09	10	11	12	**13**
KW46	14	15	**16**	17	18	19	**20**
KW47	21	22	23	24	25	26	**27**
KW48	28	29	30	01	02	03	**04**

Dezember 2016

	Mo	Di	Mi	Do	Fr	Sa	**So**
KW48	28	29	30	01	02	03	**04**
KW49	05	06	07	08	09	10	**11**
KW50	12	13	14	15	16	17	**18**
KW51	19	20	21	22	23	24	**25**
KW52	**26**	27	28	29	30	31	**01**

Urlaubsplaner 2016

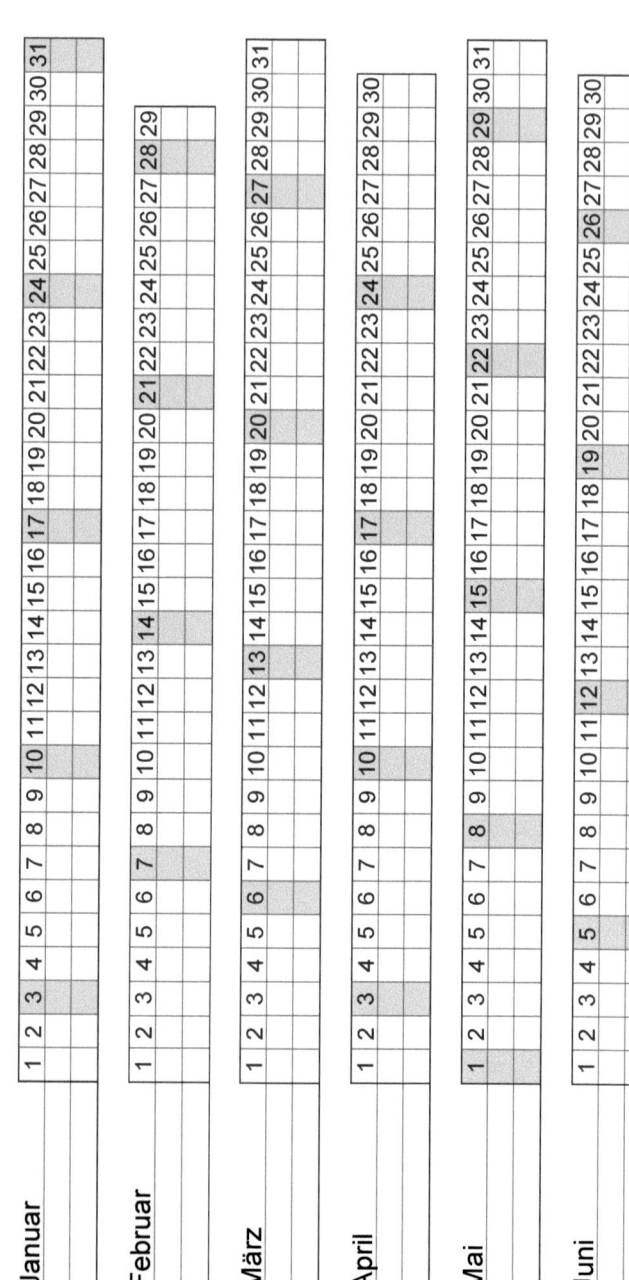

Juli

1	2	**3**	4	5	6	7	8	9	**10**	11	12	13	14	15	16	**17**	18	19	20	21	22	23	**24**	25	26	27	28	29	30	**31**

August

1	2	3	**4**	5	6	**7**	8	9	10	11	12	13	**14**	15	16	17	18	19	20	**21**	22	23	24	25	26	27	**28**	29	30	31

September

1	2	3	4	**5**	6	7	8	9	10	**11**	12	13	14	15	16	17	**18**	19	20	21	22	23	24	**25**	26	27	28	29	30	

Oktober

1	**2**	3	4	5	6	7	8	**9**	10	11	12	13	14	15	**16**	17	18	19	20	21	22	**23**	24	25	26	27	28	29	**30**	31

November

1	2	3	4	5	**6**	7	8	9	10	11	12	**13**	14	15	16	17	18	19	**20**	21	22	23	24	25	26	**27**	28	29	30	

Dezember

1	2	3	**4**	5	6	7	8	9	10	**11**	12	13	14	15	16	17	**18**	19	20	21	22	23	24	**25**	26	27	28	29	30	31

Geburtstage

Januar

☐ _____ ☐ _____
☐ _____ ☐ _____
☐ _____ ☐ _____
☐ _____ ☐ _____

Februar

☐ _____ ☐ _____
☐ _____ ☐ _____
☐ _____ ☐ _____
☐ _____ ☐ _____

März

☐ _____ ☐ _____
☐ _____ ☐ _____
☐ _____ ☐ _____
☐ _____ ☐ _____

April

☐ _____ ☐ _____
☐ _____ ☐ _____
☐ _____ ☐ _____
☐ _____ ☐ _____

Mai

☐ _____ ☐ _____
☐ _____ ☐ _____
☐ _____ ☐ _____
☐ _____ ☐ _____

Juni

☐ _____ ☐ _____
☐ _____ ☐ _____
☐ _____ ☐ _____
☐ _____ ☐ _____

Geburtstage

Juli

☐ _____   ☐ _____
☐ _____   ☐ _____
☐ _____   ☐ _____
☐ _____   ☐ _____

August

☐ _____   ☐ _____
☐ _____   ☐ _____
☐ _____   ☐ _____
☐ _____   ☐ _____

September

☐ _____   ☐ _____
☐ _____   ☐ _____
☐ _____   ☐ _____
☐ _____   ☐ _____

Oktober

☐ _____   ☐ _____
☐ _____   ☐ _____
☐ _____   ☐ _____
☐ _____   ☐ _____

November

☐ _____   ☐ _____
☐ _____   ☐ _____
☐ _____   ☐ _____
☐ _____   ☐ _____

Dezember

☐ _____   ☐ _____
☐ _____   ☐ _____
☐ _____   ☐ _____
☐ _____   ☐ _____

Veranstaltungskalender 2016

Januar bis April

Semperopernball
29.01.2016
Semperoper, Theaterplatz
www.semperopernball.de

22. Operettenball
11.03.2016
Hotel Taschenbergpalais Kempinski

Lange Nacht der Theater
23.04.2016
www.semperoper.de

Mai bis Juni

Flottenparade der Sächsischen Dampfschifffahrt
01.05.2016
www.saechsische-dampfschiffahrt.de

46. Internationales Dixieland Festival
15.05. - 22.05.2016
www.dixieland.de

39. Musikfestspiele
05.05. - 05.06.2016
www.musikfestspiele.com

Bunte Republik Neustadt
17.06. - 19.06.2016
Dresdner Stadtteilfest
www.brn-dresden.de

Sommernachtsball
18.06.2016
Schloss Wackerbarth

Elbhangfest
26.06. - 28.06.2016
Dresden Loschwitz bis Pillnitz
www.elbhangfest.de

Juli bis August

Filmnächte am Elbufer
30.06. - 24.08.2016
www.filmnaechte-am-elbufer.de

8. Dresdner Schlössernacht
16.07.2016
www.dresdner-schloessernacht.de

18. Dresdner Stadtfest
19.08. - 21.08.2016
www.dresdner-stadtfest.com

Moritzburg Festival
06.08. - 21.08.2016
Internationales Festival für Kammermusik
www.moritzburgfestival.de

September bis Dezember

Moritzburger Hengstparade
04.09.2016 / 10.09.2016 / 18.09.2016
www.kulturlandschaft-moritzburg.de

18. Museums Sommernacht
17.09.2016
www.dresden.de/museumsnacht

Weinfest in Radebeul und Meißen
23.09. - 25.09.2016
www.meissner-weinfest.de
www.radebeul.de

18. Dresden Morgenpost Marathon
23.10.2016
www.dresden-marathon.com

16. Jazztage Dresden
04.11. - 13.11.2016
www.jazztage-dresden.de

582. Striezelmarkt Dresden
24.11. - 24.12.2016

Frauenkirche auf dem Neumarkt

"Was ein Friedrich August am Anfange des Jahrhunderts anfing,
Hat ein anderer Friedrich August am Ende desselben vollendet.
Durch sie ist Dresden in Ansehung seiner Kunstschätze ein
deutsches Florenz geworden."
JOHANN GOTTFRIED HERDER

Frauenkirche

Dezember - Januar

Mo
28.12.

Di
29.12.

Mi
30.12.

Do   Silvester
31.12.

Fr   Neujahr
01.01.

Sa
02.01.

So
03.01.

Offene Kirche: Mo - Fr: 10:00 Uhr bis 12:00 Uhr sowie
13:00 Uhr bis 18:00 Uhr
Am Wochenende abhängig von Veranstaltungen

Friedensbrunnen mit Victoria Skulptur
Frauenkirche im Hintergrund

Januar

Mo
04.01.

Di
05.01.

Mi Heilige Drei Könige
06.01.

Do
07.01.

Fr
08.01.

Sa
09.01.

So
10.01.

Goldener Reiter - Neustädter Markt

Januar

Mo
11.01.

Di
12.01.

Mi
13.01.

Do
14.01.

Fr
15.01.

Sa
16.01.

So
17.01.

Januar

Mo
18.01.

Di
19.01.

Mi
20.01.

Do
21.01.

Fr
22.01.

Sa
23.01.

So
24.01.

Januar

Mo
25.01.

Di
26.01.

Mi
27.01.

Do
28.01.

Fr
29.01.

Sa
30.01.

So
31.01.

Kuppelaufstieg: November bis Februar
Montag - Samstag 10:00 - 16:00 Uhr; Sonntag 12:30 - 16:00 Uhr
März bis Oktober
Montag - Samstag 10:00 - 18:00 Uhr; Sonntag 12:30 - 18:00 Uhr

Frauenkirche

Februar

Mo
01.02.

Di
02.02.

Mi
03.02.

Do
04.02.

Fr
05.02.

Sa
06.02.

So
07.02.

Das mit 102 Metern längste Porzellanbildnis der Welt zeigt auf mehr als 25.000 Porzellanfliesen die 35 Herrscher aus dem Hause Wettin der Jahre 1127 bis 1904.

Fürstenzug

Februar

Mo
08.02.

Di
09.02.

Mi
10.02.

Do
11.02.

Fr
12.02.

Sa
13.02.

So
14.02.

Februar

Mo
15.02.

Di
16.02.

Mi
17.02.

Do
18.02.

Fr
19.02.

Sa
20.02.

So
21.02.

Februar

Mo
22.02.

Di
23.02.

Mi
24.02.

Do
25.02.

Fr
26.02.

Sa
27.02.

So
28.02.

Öffnungszeiten:	Montag bis Donnerstag :	9:00 - 17:00 Uhr
	Freitag:	13:00 - 17:00 Uhr
	Samstag:	10:00 - 17:00 Uhr
	Sonntag:	12:00 - 16:00 Uhr

Hofkirche - Sankt Trinitatis Kathedrale

Februar - März

Mo
29.02.

Di
01.03.

Mi
02.03.

Do
03.03.

Fr
04.03.

Sa
05.03.

So
06.03.

Hofkirche - Schloss mit Hausmannsturm - König Johann Denkmal

März

Mo
07.03.

Di
08.03.

Mi
09.03.

Do
10.03.

Fr
11.03.

Sa
12.03.

So
13.03.

Coselpalais an der Frauenkirche

März

Mo
14.03.

Di
15.03.

Mi
16.03.

Do
17.03.

Fr
18.03.

Sa
19.03.

So
20.03.

März

Mo
21.03.

Di
22.03.

Mi
23.03.

Do
24.03.

Fr Karfreitag
25.03.

Sa
26.03.

So Ostersonntag
27.03.

März - April

Mo Ostermontag
28.03.

Di
29.03.

Mi
30.03.

Do
31.03.

Fr
01.04.

Sa
02.04.

So
03.04.

*"Als ich nach der Augustusbrücke kam, die ich schon so
gut aus Gemälden kannte, kam es mir vor, als ob ich
schon früher einmal im Traum hier gewesen wäre."*
HANS CHRISTIAN ANDERSEN

Fürstenzug

April

Mo
04.04.

Di
05.04.

Mi
06.04.

Do
07.04.

Fr
08.04.

Sa
09.04.

So
10.04.

Brühlsche Terrasse - Im Hintergrund die Hofkirche sowie die Semperoper

April

Mo
11.04.

Di
12.04.

Mi
13.04.

Do
14.04.

Fr
15.04.

Sa
16.04.

So
17.04.

Frauenkirche - Gottfried Semper Statue -Kunstakademie

April

Mo
18.04.

Di
19.04.

Mi
20.04.

Do
21.04.

Fr
22.04.

Sa
23.04.

So
24.04.

April - Mai

Mo
25.04.

Di
26.04.

Mi
27.04.

Do
28.04.

Fr
29.04.

Sa
30.04.

So   Tag der Arbeit
01.05.

Mai

Mo
02.05.

Di
03.05.

Mi
04.05.

Do Christi Himmelfahrt
05.05.

Fr
06.05.

Sa
07.05.

So
08.05.

Dresden gleicht einem schlummernden Dornröschen, das da liegt und träumt. ... es träumt und schläft, - und es wird nie erwachen.
WOLF GRAF VON BAUDISSIN

Residenzschloss Dresden

Mai

Mo
09.05.

Di
10.05.

Mi
11.05.

Do
12.05.

Fr
13.05.

Sa
14.05.

So
Pfingstsonntag

15.05.

Brühlsche Terrasse - Terrassenufer

Mai

Mo
16.05.　Pfingstmontag

Di
17.05.

Mi
18.05.

Do
19.05.

Fr
20.05.

Sa
21.05.

So
22.05.

Wenn es zutreffen sollte, dass ich nicht nur weiß, was schlimm und hässlich, sondern auch was schön ist, so verdanke ich diese Gabe dem Glück, in Dresden aufgewachsen zu sein.
ERICH KÄSTNER

Hofkirche Dresden - Sankt Trinitatis Kathedrale

Mai

Mo
23.05.

Di
24.05.

Mi
25.05.

Do Fronleichnam
26.05.

Fr
27.05.

Sa
28.05.

So
29.05.

Mai - Juni

Mo
30.05.

Di
31.05.

Mi
01.06.

Do
02.06.

Fr
03.06.

Sa
04.06.

So
05.06.

Juni

Mo
06.06.

Di
07.06.

Mi
08.06.

Do
09.06.

Fr
10.06.

Sa
11.06.

So
12.06.

Semperoper

Juni

Mo
13.06.

Di
14.06.

Mi
15.06.

Do
16.06.

Fr
17.06.

Sa
18.06.

So
19.06.

"Ich blickte von dem hohen Ufer hinab über das herrliche Elbtal, es lag wie ein Gemälde von Claude Lorrain unter meinen Füßen."
HEINRICH VON KLEIST

Kunstakademie - Hochschule der bildenden Künste Dresden

Juni

Mo
20.06.

Di
21.06.

Mi
22.06.

Do
23.06.

Fr
24.06.

Sa
25.06.

So
26.06.

Juni - Juli

Mo
27.06.

Di
28.06.

Mi
29.06.

Do
30.06.

Fr
01.07.

Sa
02.07.

So
03.07.

Juli

Mo
04.07.

Di
05.07.

Mi
06.07.

Do
07.07.

Fr
08.07.

Sa
09.07.

So
10.07.

Die Kuppel der Hochschule der bildenden Künste wird aufgrund ihrer Form auch als „Zitronenpresse" bezeichnet.

Kunstakademie - Hochschule der bildenden Künste Dresden

Juli

Mo
11.07.

Di
12.07.

Mi
13.07.

Do
14.07.

Fr
15.07.

Sa
16.07.

So
17.07.

Stallhof - Dresdner Residenzschloss

Juli

Mo
18.07.

Di
19.07.

Mi
20.07.

Do
21.07.

Fr
22.07.

Sa
23.07.

So
24.07.

Johanneum Dresden - Verkehrsmuseum

Juli

Mo
25.07.

Di
26.07.

Mi
27.07.

Do
28.07.

Fr
29.07.

Sa
30.07.

So
31.07.

August

Mo
01.08.

Di
02.08.

Mi
03.08.

Do
04.08.

Fr
05.08.

Sa
06.08.

So
07.08.

August

Mo
08.08.

Di
09.08.

Mi
10.08.

Do
11.08.

Fr
12.08.

Sa
13.08.

So
14.08.

Zwinger mit dem Kronentor und dem Porzellanpavillon

August

Mo <u>Mariä Himmelfahrt</u>
15.08.

Di
16.08.

Mi
17.08.

Do
18.08.

Fr
19.08.

Sa
20.08.

So
21.08.

Schlosshof - Dresdner Residenzschloss

August

Mo
22.08.

Di
23.08.

Mi
24.08.

Do
25.08.

Fr
26.08.

Sa
27.08.

So
28.08.

Georgenbau - Dresdner Residenzschloss

August - September

Mo
29.08.

Di
30.08.

Mi
31.08.

Do
01.09.

Fr
02.09.

Sa
03.09.

So
04.09.

September

Mo
05.09.

Di
06.09.

Mi
07.09.

Do
08.09.

Fr
09.09.

Sa
10.09.

So
11.09.

September

Mo
12.09.

Di
13.09.

Mi
14.09.

Do
15.09.

Fr
16.09.

Sa
17.09.

So
18.09.

Dresdner Residenzschloss

September

Mo
19.09.

Di
20.09.

Mi
21.09.

Do
22.09.

Fr
23.09.

Sa
24.09.

So
25.09.

"Die Dresdner fragen einen gar nicht, ob einem die Stadt gefällt.
Sie sagen es einem. Das bringt mich auf den Gedanken, dass
man die Städte gewöhnlich in zwei Kategorien einteilen kann:
in die selbstsicheren und die anderen."
UMBERTO ECO

König Johann Denkmal - Theaterplatz

September - Oktober

Mo
26.09.

Di
27.09.

Mi
28.09.

Do
29.09.

Fr
30.09.

Sa
01.10.

So
02.10.

*"Wann werde ich wieder in den paradiesischen Gefilden
wandeln, wann werde ich Dresden wiedersehen?"*
E.T.A. HOFFMANN

Stallhof - Dresdner Residenzschloss

Oktober

Mo Tag der Deutschen Einheit
03.10.

Di
04.10.

Mi
05.10.

Do
06.10.

Fr
07.10.

Sa
08.10.

So
09.10.

Oktober

Mo
10.10.

Di
11.10.

Mi
12.10.

Do
13.10.

Fr
14.10.

Sa
15.10.

So
16.10.

Oktober

Mo
17.10.

Di
18.10.

Mi
19.10.

Do
20.10.

Fr
21.10.

Sa
22.10.

So
23.10.

Oktober

Mo
24.10.

Di
25.10.

Mi
26.10.

Do
27.10.

Fr
28.10.

Sa
29.10.

So
30.10.

Oktober - November

Mo
31.10.
Reformationstag

Di
01.11.
Allerheiligen

Mi
02.11.

Do
03.11.

Fr
04.11.

Sa
05.11.

So
06.11.

"Leipzig ist das Heute. Und Dresden - das Gestern ...
Leipzig ist die Wirklichkeit. Und Dresden - das Märchen."
ERICH KÄSTNER

Zwinger

November

Mo
07.11.

Di
08.11.

Mi
09.11.

Do
10.11.

Fr
11.11.

Sa
12.11.

So
13.11.

*"Je schärfer ich den Gedanken ins Auge fasse, Dresden zu
Verlassen, je schwerer wird es mir."*
CARL MARIA VON WEBER

Hausmannsturm - Dresdner Residenzschloss

November

Mo
14.11.

Di
15.11.

Mi Buß- und Bettag
16.11.

Do
17.11.

Fr
18.11.

Sa
19.11.

So
20.11.

November

Mo
21.11.

Di
22.11.

Mi
23.11.

Do
24.11.

Fr
25.11.

Sa
26.11.

So
27.11.

November - Dezember

Mo
28.11.

Di
29.11.

Mi
30.11.

Do
01.12.

Fr
02.12.

Sa
03.12.

So
04.12.

Glockenspielpavillon - Dresdner Zwinger

Dezember

Mo
05.12.

Di
06.12.

Mi
07.12.

Do
08.12.

Fr
09.12.

Sa
10.12.

So
11.12.

Semperoper

Dezember

Mo
12.12.

Di
13.12.

Mi
14.12.

Do
15.12.

Fr
16.12.

Sa
17.12.

So
18.12.

Dezember

Mo
19.12.

Di
20.12.

Mi
21.12.

Do
22.12.

Fr
23.12.

Sa Heiligabend
24.12.

So 1. Weihnachtstag
25.12.

Dezember - Januar

Mo 2. Weihnachtstag
26.12.

Di
27.12.

Mi
28.12.

Do
29.12.

Fr
30.12.

Sa Silvester
31.12.

So Neujahr
01.01.

Öffnungszeiten: Montag bis Freitag: 10:00 - 18:00 Uhr
                 Samstag: 10:00 - 15:00 Uhr
                 Sonntag: 12:00 - 18:00 Uhr

Kreuzkirche am Altmarkt

Januar

Mo
02.01.

Di
03.01.

Mi
04.01.

Do
05.01.

Fr
Heilige Drei Könige
06.01.

Sa
07.01.

So
08.01.

Notizen